Und so geht's:

Das Beispiel auf dieser Seite zeigt, wie du mit miniLÜK spielst. Diese Übung findest du auf Seite 2 und 3. Öffne das miniLÜK®-Lösungsgerät und lege den durchsichtigen Boden des Lösungsgerätes auf die untere Übungsseite deines miniLÜK-Hefts.

Nimm Plättchen 1. und sieh dir die Aufgabe 1. an. Dort siehst du ein buntes Mandala. Suche nun das gleiche Mandala auf der unteren Seite. Lege dann das Plättchen 1. mit der Ziffer nach oben auf dieses Mandala.

So spielst du weiter, bis alle 12 Plättchen auf dem durchsichtigen Teil des Lösungsgerätes liegen und keine Bilder mehr zu sehen sind. Dann schließt du das Lösungsgerät und drehst es um. Wenn du das bei der Übung abgebildete Muster siehst, hast du alles richtig gemacht.

Passen einige Plättchen nicht in das Muster, löst du diese Übungen noch einmal.

Stimmt es jetzt? Dann nun viel Spaß!

AF216971

Das gleiche Mandala

Tierschatten

Was gehört zusammen?

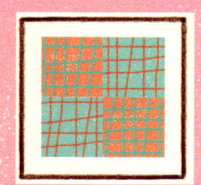

Der gleiche Kopf in anderer Farbe

Sportler zum Zusammenpuzzeln

Wo ist das Gleiche?

Ordne die gleichen Pflanzen zu!

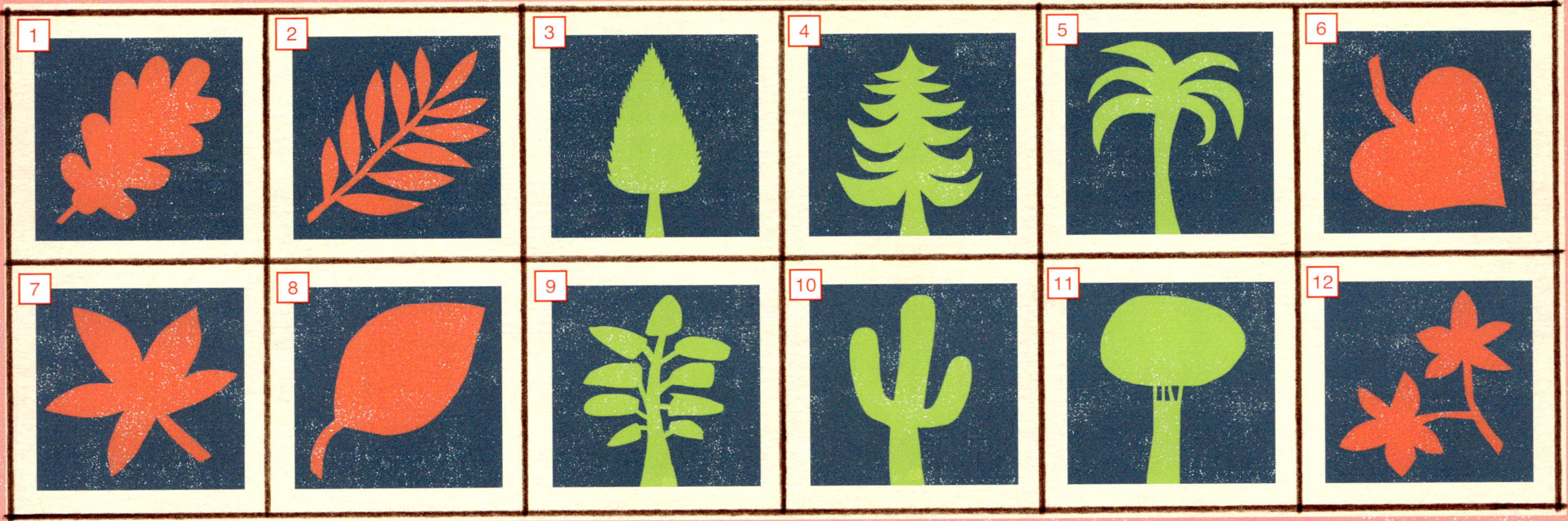

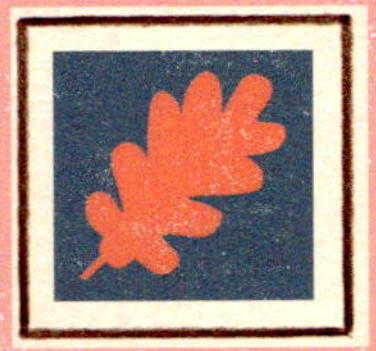

Sternenpuzzle

Setze richtig zusammen!

Schattenrätsel

Was passt am besten zusammen?

| 12 | 11 | 10 | 9 | 8 | 7 |
| 6 | 5 | 4 | 3 | 2 | 1 |

Gespiegeltes Puzzle mit geänderter Farbe

Mal in blau, mal in rot